构思自己的风景

首先，我们要搜寻一下脑海中的记忆，并发挥充分的想象力，让我们来创作一幅自己独有的风景画吧！

我们首先画出一幅非常简单的轮廓图：远处有一座山峰，近处有一道山谷，山谷中有一条静静的小溪。以这幅轮廓图为基础，一步步完成脑海中的风景画。

然后，我们为山谷覆盖上茂密的植被，并为它们涂上秋天的颜色。接着，给远处的山峰画上一些积雪。

当然，我们还可以对这幅画进行重新构思：在山谷中画出一排排整齐的树木，远远看上去就像一片橄榄树林。由于这幅画上出现了庄稼，因此它显得更有田园风情的感觉。

我们还可以为山谷附近的小山丘稍作修饰，使它们看上去显得比较荒芜，然后，将远处的山峰描绘出岩石成堆的感觉，上面没有任何植被，同时，减少小溪中的水量。这样一来，整幅画又表现出另一种意境。

野外探秘手册

丰富多彩的生物圈

[西] 何塞普 · 玛利亚 · 巴雷斯/文　朱婉君/译
[西] 阿马德乌 · 布拉斯科 · 费利乌、法雷斯插画社/图
时代图片公司、博雷亚尔、盖蒂图片社、Obas、NASA（JSC）/摄影

中国大百科全书出版社

目录

著作权合同登记号　图字：01-2014-4230

图书在版编目（CIP）数据

丰富多彩的生物圈 /（西）巴雷斯著；朱婉君译. -- 北京：中国大百科全书出版社，2014.9
（野外探秘手册）
ISBN 978-7-5000-9410-4

Ⅰ. ①丰… Ⅱ. ①巴… ②朱… Ⅲ. ①生物圈－少儿读物 Ⅳ. ①Q148-49

中国版本图书馆CIP数据核字（2014）第196009号

野外探秘手册　丰富多彩的生物圈

策　　划　张国勇
责任编辑　李　彬
策划编辑　张俊杰
装帧设计　水长流文化
责任印制　马婷婷
出版发行　中国大百科全书出版社
地　　址　北京市阜成门北大街17号
邮　　编　100037
电　　话　010-88390603
网　　址　http://www.ecph.com.cn
印　　刷　北京尚唐印刷包装有限公司
（北京大兴区西红门镇曙光民营企业园南8条1号）
经　　销　全国各地新华书店
开　　本　265毫米 × 236毫米　1/12
印　　张　3
版　　次　2014年9月第1版
印　　次　2014年9月第1次印刷
书　　号　ISBN 978-7-5000-9410-4
定　　价　16.50元
（图书如有印装错误请向印刷厂调换）

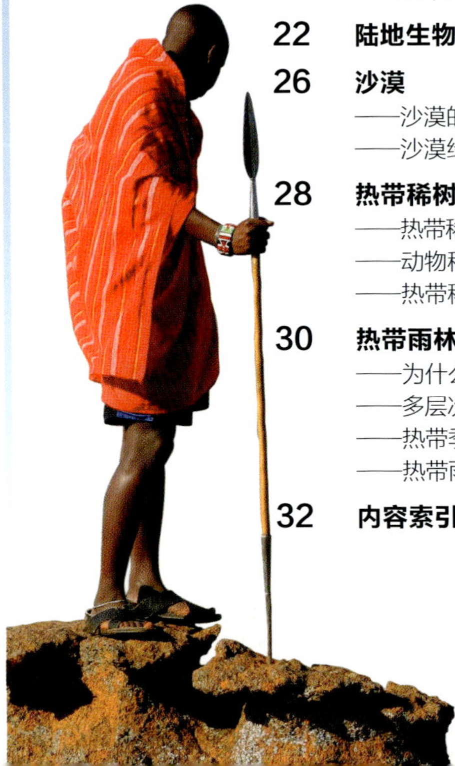

多样性的生物群系

地球最显著的特征就是有生命的存在。科学家早已证明，从地球上出现生命迹象至今，至少已经有35亿年了，在这样漫长的时间里，足以孕育出大量的、种类繁多的物种。

当然，地球上多种多样的生存环境和气候条件，进一步丰富了生物的种类。但不管什么样的环境和气候条件，生命的存在都依赖于一个重要的外部能量来源——太阳能。太阳能为人类的生存提供了适当的温度，植物则通过光合作用制造有机物。

通过本书，我们将逐步了解地球上的主要生物群系。所谓生物群系，是指由某些类似的生态系统所构成的整体，这些生态系统虽然由不同物种组成，但因为气候条件相似，它们具有一些相似的特征。

人类依靠特有的智力和认知能力，不断地欣赏和享受着生态系统中所蕴含的丰富多彩的美景和宝贵资源；从沙漠到热带雨林，感受着生态系统的多样性。

希望通过对本书的阅读，让我们能更好地与大自然和谐共处，要记住，我们也是大自然的一部分！

生物圈

所谓生物圈，是指地球表面薄薄的一个圈层，生命在此繁衍不息。我们的地球之所以是独一无二的，就是因为它在浩瀚无垠、神秘莫测的宇宙里，是唯一一个已知有生命存在的星球。

从太空中看到的地球

什么是生态系统？

生态系统是指由许多不同种类的生物以及它们生活的环境所构成的统一整体，在这个统一整体中，生物与环境之间相互影响、相互制约。这里所说的“环境”，是指构成自然环境的各种因素，包括气温、湿度、地貌、岩石类型等。地球表面是由海洋、大陆和岛屿组成的，构造非常独特，而且地球上的气候条件复杂多样，这就导致了现有的生态系统的数量相当大，甚至，一些类似的生态系统都被划归到同一个生物群系中。

同一个生物群系中物种种类并不是完全相同的，主要表现在生物的多样性上。不同生物群系中的生物种类和生物量（即某一时刻单位面积内现有有机物质总量）各不相同，其中，生物种类最丰富、生物量最多的生物群系是雨林生物群系。

生物圈组织的等级划分

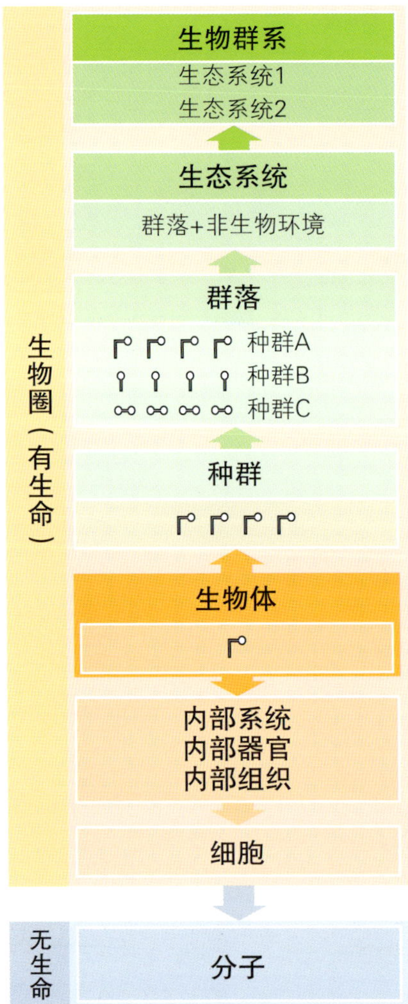

关于生物的研究

关于生物的描述和研究方法大致有两种：第一种是按照类别划分不同的研究领域，如植物学研究各种各样的植物，动物学研究各种各样的动物；第二种是选取一个特定的地理区域，全面地、综合地分析所有生活在这个区域内并相互关联的生物。生态学研究采用的是第二种方法，即以生态系统为单位对生物做整体性地分析。

水资源的多少，对于生态系统来说起着决定性作用。

生物群系与生态系统

一个生物群系囊括了一系列类似的生态系统，这些生态系统虽然可能位于不同的半球或大陆、并由不同的物种组成，但由于气候条件几乎相同，它们之间具有一些相似的特征。例如，亚马孙雨林、非洲雨林和亚洲雨林，它们都属雨林生物群系。

一条河的沿岸地带就是一个生态系统。

生物群系的主要类型

地球上主要的陆地生物群系类型从两极到赤道依次为：冰盖及极地荒漠，苔原，亚寒带针叶林，温带草原，温带森林，温带雨林，地中海硬叶林，沙漠，热带稀树草原和热带雨林。这些生物群系就像气候带一样，以赤道为中心，平行且对称地分布在南北半球上。

生物群系的类型取决于气候条件，但它们的类型是根据植被而不是根据动物来划分的，之所以采用这种分类方法，是因为植物的种类要比动物的种类丰富得多，而且动物可能会根据季节的变换，从一个生物群系迁徙到另一个生物群系中。

位于塞内加尔的萨卢姆河三角洲的红树林

主要陆地生物群系的分布情况

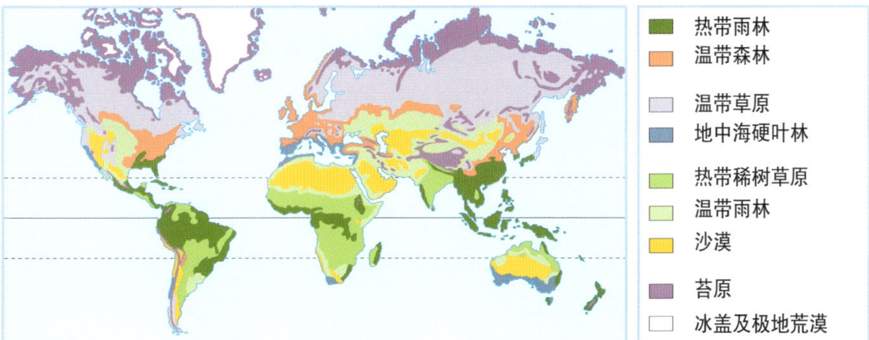

决定生物群系类型的因素

之所以存在不同类型的生物群系，气候条件无疑是最主要的因素。如果两个生态系统分别处于两个不同的大洲，却具有相似的气候条件，那么即使栖居在这里的物种完全不同，它们的整体状况还是会非常相似的。与此相反，两个相邻的生态系统中可能有一半以上的物种都是相同的，但如果气候条件不同，那么它们之间就几乎没有什么共同之处，也就不能构成同一个生物群系了。

其他生物群系

在各种生物群系类型中，有些还可以继续进行划分，比如沿海沼泽地、洞穴、小岛以及偏僻的高山地区等。海洋因其所覆盖的面积之大，理应把它们算作一个最为重要的生物群系，但之所以没有把它们作为一个生物群系来看，是因为海洋里的生命迹象在我们看来还不够明显。

从空中鸟瞰（kàn）波拉波拉岛（法属波利尼西亚）的一处环礁

波西多尼亚海草是为数不多的可以适应海洋环境的高等植物之一。

海洋与水

地球之所以有别于太阳系中的其他行星，其最大特征在于地球的表面覆盖有大量的液态水。地球表面约三分之二的面积被海水覆盖着，而且，地球上97.5%的水都蕴藏在海洋之中。

“水沙漠”

与陆地生态系统相比，海洋可以说是真正意义上的“沙漠”，不过，令人吃惊的是，在海洋中竟然生长着珊瑚礁。珊瑚礁就好比陆地上的热带雨林，是这些“水沙漠”中生机勃勃的“绿洲”地带。

海底地貌

海洋底部主要由海岭和海沟构成。海岭是地球上最长的“山脉”，海沟是海底深层的沟槽。大多数的强地震都是发生在海沟附近。

海洋与气候

海洋在很大程度上影响着地球的气候。海洋慢慢地吸收和散发着太阳能，如果没有海洋的存在，地球的气候将会变得非常极端，昼夜温差可能高达250℃。

海藻林

在深海环境中，很难观察到生命迹象。在陆地生态系统中，植物履行着生产有机物的职能，而在海洋中却极少见高等植物，因此生产有机物职能是由海藻来完成的。海洋中大部分海藻都很微小，且只出现在200米深的水域之内，这是因为阳光无法照射到更深的地方，没有阳光，海藻就不能进行光合作用。

生命的起源

约35亿年前，地球上就出现了生命迹象，而最早的生命就是起源于海洋中。令人惊讶的是，由于强烈的紫外线辐射，这些早期的生命花了非常长的时间才从水中发展到陆地上。约5亿年前，随着地球上臭氧层的出现，生命终于得以适应陆地环境了。

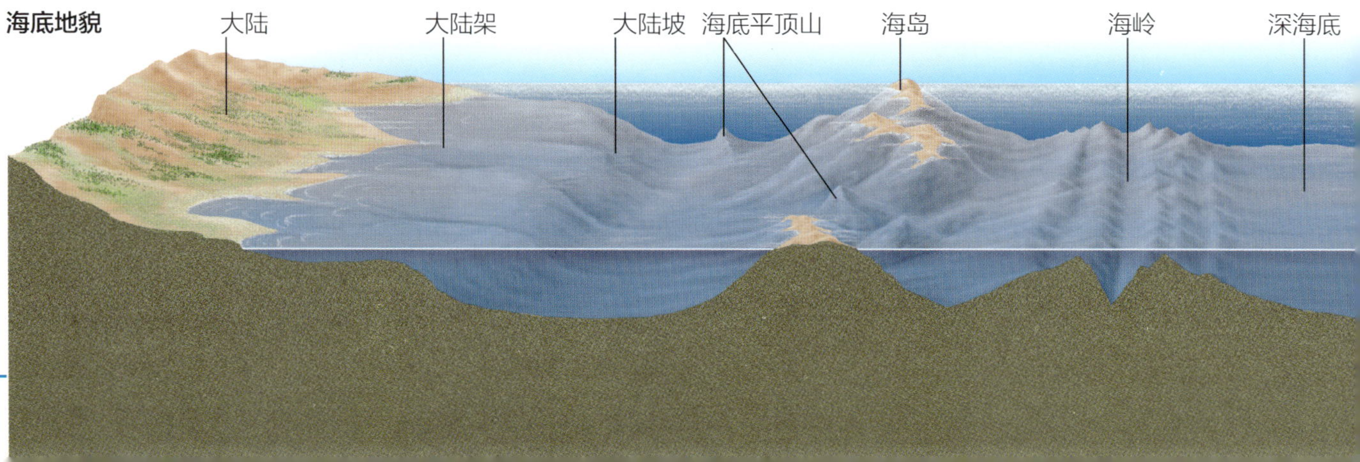

一只章鱼正在喷吐“墨汁”，以逃脱“敌人”。

海洋生物

我们可以根据海洋生物在水中的生存状态，对它们进行分类。有些海洋生物生活在海边或是海水表面；有些海洋生物生活在中等深度的水域；而最为“专业”的海洋生物则可以生活在海洋深处，它们可以承受不可思议的巨大水压。按其在环境中的行为方式，海洋生物还可以分为浮游生物、自游生物和底栖生物。其中，浮游生物被动地随波漂移；自游生物则能自由地在海中游泳；底栖生物则在海底或靠近海底的区域活动。

地球上现存的体形最大的动物是蓝鲸，它们是一种海洋哺乳动物。

海洋和人类活动

一直以来，人类都把海洋当作一个大垃圾场，直到几年前，人类才意识到自己这个行为是错误的，并开始采取相应的措施，比如禁止向海洋里排放污染物、净化所排放的废水等。

此外，人类无节制地捕鱼，使许多海洋物种处于濒危境地。为了避免情况继续恶化，国际社会正在制定一系列法规，力求保护海洋的生态环境。

海洋中成群游动的鱼

油轮漏油事故会对海洋生态系统构成巨大的威胁。

海洋动物

大多数不同种类的陆地动物都能在海洋中找到自己的“亲戚”，不过，还是有些种类的动物几乎只能生活在海洋里，如棘皮动物（刺海胆、海星）、海绵动物、刺胞动物（珊瑚、水母）、软体动物和甲壳动物。

海洋中最有代表性的动物无疑就是鱼了，它们是最古老的脊椎动物之一（虽然也有淡水鱼，但海水鱼占了鱼类的大多数）。

另外，在典型的陆生哺乳动物中，也有一些种类已经完全适应海洋生活，如鲸和海豚，它们的整个生命周期都是在水中度过的。

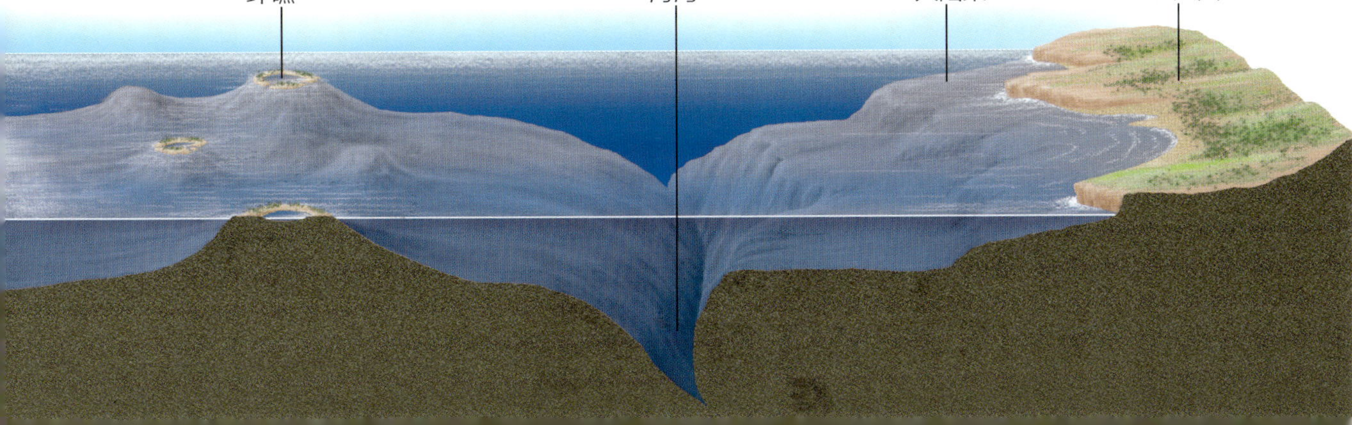

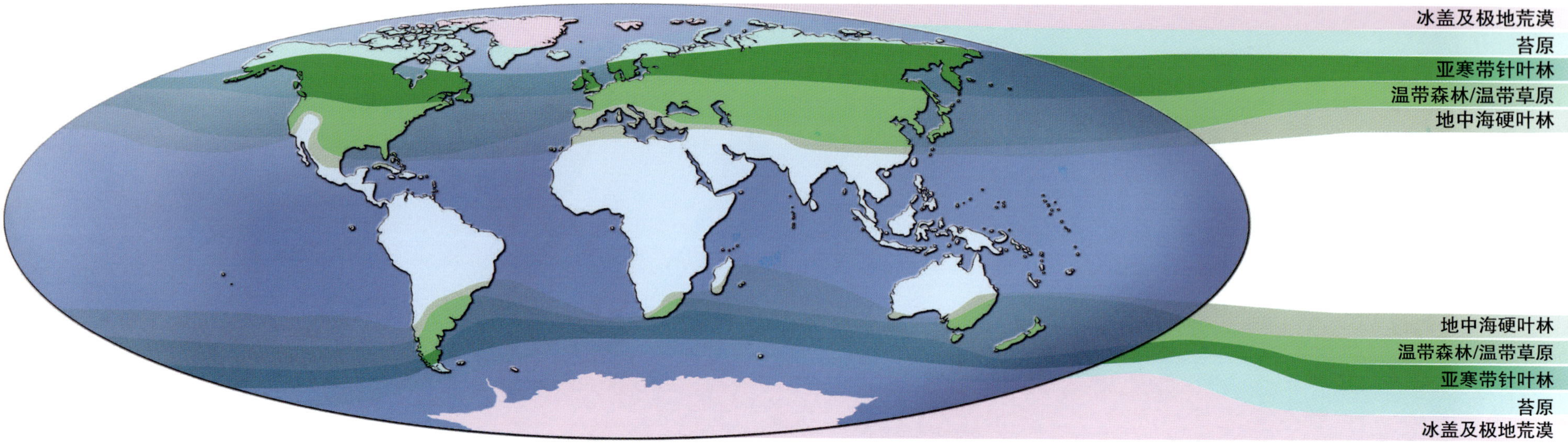
冰盖及极地荒漠
苔原
亚寒带针叶林
温带森林/温带草原
地中海硬叶林
地中海硬叶林
温带森林/温带草原
亚寒带针叶林
苔原
冰盖及极地荒漠

冰盖及极地荒漠
苔原
亚寒带针叶林

陆地生物群系

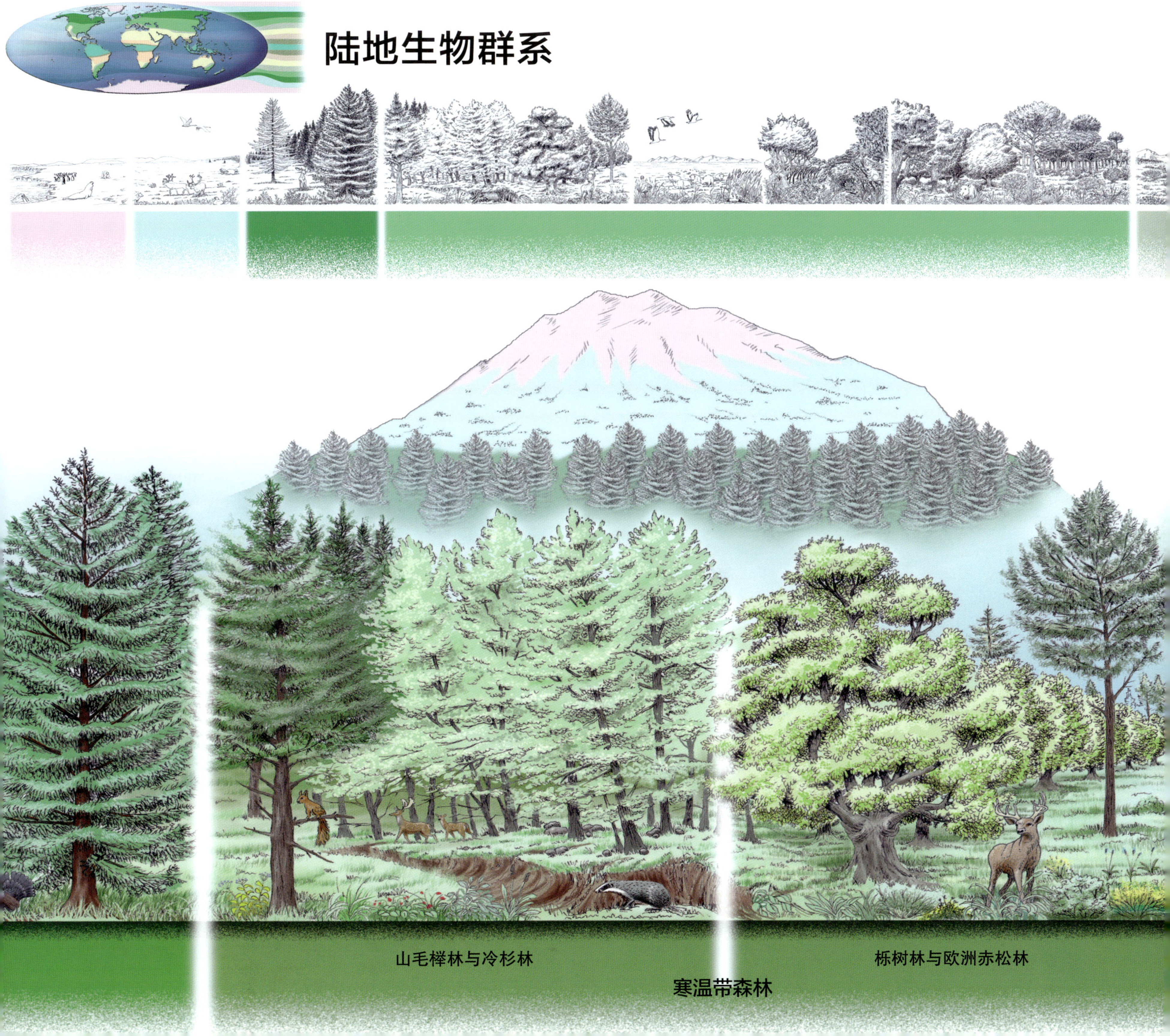

照叶林
冬青栎林与栓皮栎林
温带草原
暖温带森林

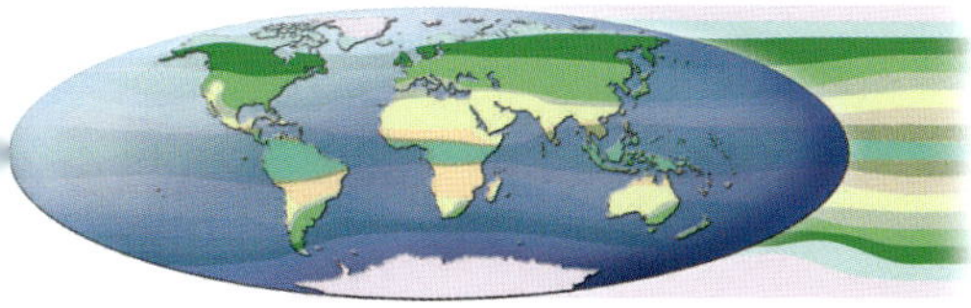

陆地生物群系

冰盖及极地荒漠和苔原

冰盖及极地荒漠生物群系和苔原生物群系的自然环境是地球上最不适宜生物生存的，不论是动物还是植物。对人而言，要在那样的自然环境中生存，也不是容易的事情。

冰盖及极地荒漠

冰盖及极地荒漠是地球上接收太阳能最少的区域。冰盖及极地荒漠地区的气温终年低于0℃，因此，那里的水始终呈冰状或雪状。

冰盖及极地荒漠地区的气候极其恶劣，植物无法生长，只有在气候相对适宜的季节才能看到一些动物的身影。

地球上有两个主要地区常年被永久冻土覆盖着，即北极地区和南极地区。

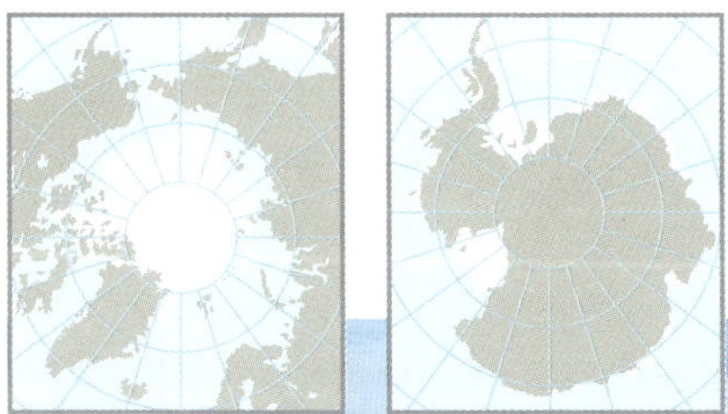

北极（左）和南极（右）

“处女大陆”——南极洲

南极洲位于地球的最南端，其大部分地区被冰雪覆盖着，其中，有些区域的冰层厚度甚至超过4 500米。由于南极冰盖上缺乏植物，因此，我们能在那里看到的动物都只是将这片大陆作为休息或繁殖的临时场所，捕食的时候，它们会回到海洋中去。

代表性的南极动物包括企鹅、南象海豹、豹形海豹等。

企鹅虽然不会飞，但它们属于鸟类。虽然企鹅走起路来显得十分笨拙，但个个都是游泳健将。大多数的海豹以鱼类或乌贼为食。

展示着强大的獠牙的两只海象

北极

与南极洲冰盖相比，北极冰盖的面积比较小。北极冰盖除了与格陵兰岛的大部分地区相连外，不与任何其他大陆相连。代表性的北极动物包括北极熊、海豹和海象。北极熊的重量可以达到800千克以上，它们能够忍受非常低的气温。海象最突出的特征就是它们那一对巨大的獠牙，海象可以用獠牙在海底挖掘，寻找食物。

地球上87%的淡水都以冰雪的形式存在。据估计，如果地球上所有的冰层都融化了，那么全世界海平面将会上升100米左右，许多沿海地区都将被淹没。

极地居民

因纽特人又称爱斯基摩人，他们已经完全适应了北极地区的环境，他们住在由雪块建起的雪屋里，只吃海豹肉和鱼肉。

生活在南极地区的企鹅

因纽特人主要通过捕鱼和狩猎来获取生活资源。

苔原

苔原是位于冰盖及极地荒漠和亚寒带针叶林之间的生物群系。苔原的冬季气温很低，最低温度可以达到－65℃，但到了夏季，由于全天24小时都在阳光的照射之下，所以气温会升到0℃以上，地表上的冰雪就会逐渐融化，植物和动物也随之出现。

植被种类

苔原地区的植被以地衣和苔藓为主，伴有多年生草本、小灌木和低矮的树种，如极柳、矮桧等，这些树木的高度一般都不超过10厘米。苔藓类植物死后的残体可以变成一种类似于煤的物质，我们称之为泥炭，泥炭可以被当作燃料，在古时候还可当作建筑材料使用。

动物种类

在苔原地区生活的无脊椎动物主要是昆虫，特别是蚊子，在夏季的时候尤其多见。鸟类主要有大雁、岩雷鸟和雪鸮，雪鸮和冬季的岩雷鸟的羽毛颜色都是白色的。苔原地区代表性的哺乳动物是驯鹿，麝牛、北极狐和旅鼠。

在荒凉的苔原地区，驯鹿是一种非常重要的运输工具。

苔原的分布情况

苔原地区的居民

虽然萨米人并不是苔原地区居住的唯一的居民，但他们是居民中最著名的民族。尽管萨米人常被称作拉普人，但他们还是喜欢自称萨米人。萨米人主要居住在斯堪的纳维亚半岛的北部，基本上以养殖驯鹿为生。萨米人个子不高，平均身高只有1.5米，肤色也很不统一，有些很白，有些相对黝黑。萨米人的食物主要来自驯鹿，包括驯鹿的肉、奶以及黄油等，到了夏季，他们会采些野果子吃。

加拿大埃尔斯米尔岛苔原地区

狼正在暗中窥视着一群麝牛。

在苔原地区，地表以下数厘米之内终年呈冰冻状态，我们称之为“永冻层”。

亚寒带针叶林与温带草原

如果我们从北极出发向着赤道做一次旅行，那么我们看到的第一片森林就是亚寒带针叶林，也被称作“北方针叶林”。这片森林很大，那么，我们要走多久才能看到温带草原呢？

松柏的王国

亚寒带针叶林是指在冬季寒冷而漫长、夏季炎热而短暂的地区生长发育而成的生物群系。亚寒带针叶林地区的降雨并不多，但足以让树木茁壮生长。亚寒带针叶林是松柏类植物的王国，所谓“松柏类植物”，就是指那些能结出松果、叶子呈针状的树木。

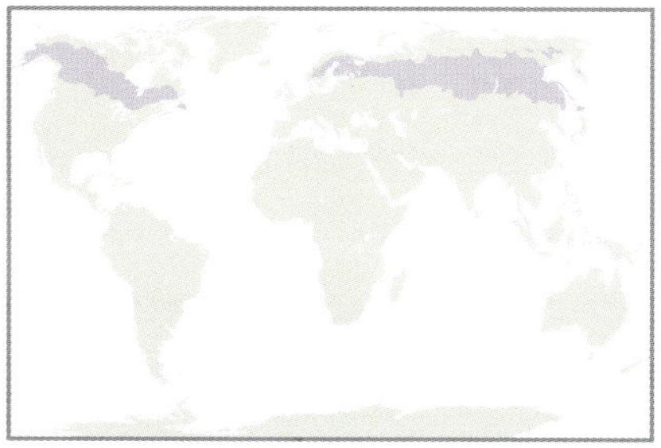

亚寒带针叶林的分布情况

植被种类

亚寒带针叶林的植被以松柏类植物为主，如云杉、冷杉和落叶松。云杉和冷杉的外形比较相似，不同的是，云杉的松果向下生长，冷杉的松果向上生长。落叶松是唯一一种冬天会落叶的松柏类植物。而在灌木类植物中，较为常见的有悬钩子、越橘和黑醋栗等，它们所结的浆果都非常美味可口。

亚寒带针叶林是冬夏温差最大的一类生物群系。在西伯利亚的部分地区，冬季与夏季之间的温差可以达到将近65℃。

亚寒带针叶林地区的居民

亚寒带针叶林地区的生活环境较为适宜人类居住，因此，居住在那里的人类也相对较多。在亚寒带针叶林地区的居民中，较为突出的是加拿大原住民，其中，比较知名的是休伦人和克里人。

阿拉斯加兰格尔山附近的针叶林

棕熊体形健硕，披着厚厚的皮毛，长着小耳朵。

动物种类

亚寒带针叶林中最具代表性的大型哺乳动物有驼鹿、棕熊、狼、猞猁和狼獾。老虎的情况比较特殊，因为它们一般生活在热带雨林地区，不过，在西伯利亚的针叶林中，我们同样可以看到老虎的身影。亚寒带针叶林中比较具有代表性的小型哺乳动物有黄鼬、白鼬、紫貂和河狸；而最典型的鸟类则有细嘴松鸡和大斑啄木鸟。

用途很多的木材！

亚寒带针叶林地区的居民非常懂得利用那些得天独厚的自然资源，尤其是木材，他们用木材建造房屋，制造船只和日常工具。

挪威奥斯陆的奥尔内斯木板教堂完全是由木材建成的。

温带草原

穿过亚寒带针叶林后，我们来到了降雨稀少、冬夏温差较大的地区，这里的植被种类以草本植物为主，因此我们称这类生物群系为温带草原，它包括欧亚温带草原、北美温带草原和南美洲的潘帕斯草原。

美洲野马最早是由西班牙殖民者带到美洲大陆的。后来它们脱离了人类的饲养，回归到原野之中。如今一些美洲野马在某些自然保护区里过着自由的生活。

温带草原的分布

美洲鸵鸟与非洲鸵鸟长得很像。

动物种类

在欧亚温带草原地区生活的大型哺乳动物中，最具代表性的是普氏野马、高鼻羚羊等食草动物，而小型哺乳动物则以穴居动物为主，它们种类繁多，比较具有代表性的是仓鼠、土拨鼠和地松鼠。鸟类则以大鸨（bǎo）和蓑羽鹤最为有特色。此外，在北美温带草原，还能看到美洲野牛、美洲野马和叉角羚的身影，它们和土拨鼠和谐地生活在一起。而在南美洲的潘帕斯草原上，则居住着美洲鸵鸟和南美草原鹿。

位于美国谷物种植区的风车

植被种类

温带草原的植被以草本植物为主，在这里几乎见不到任何树木。其中，比较常见的是一些开花很不明显的禾本科植物，它们延绵不绝地生长着，像给大地铺上了一张大大的绿色地毯，而在温带草原上，生活着大量食草动物。

内陆“谷仓”

温带草原主要位于北半球远离海岸的内陆地区，这里虽然缺乏树木，但土壤较为肥沃，现在许多温带草原已经被开发成了谷物种植区，种植有小麦、大麦和玉米等农作物。

温带草原地区的居民

在北美温带草原地区居住的古代居民，是我们通过电影所熟知的北美洲的印第安人，特别是科曼奇人、阿帕奇人和夏延人。此外，在南美洲的潘帕斯草原上，也居住着印第安人。而在欧亚温带草原上，则居住着哈萨克人。

在美国内布拉斯加州一处历史文化保护区内，仍保留着原住民使用过的皮帐篷。

温带森林

温带森林位于南、北半球的亚寒带针叶林和沙漠之间。温带森林地区气候条件比较好，气温适宜，雨水比较充沛，与前面介绍的那些生物群系相比，这里的植被和动物的种类要丰富得多。

体态雄伟的雕

虽然世界各地的温带森林都具有一些相似的特征，但不同地区生长的树种并不相同：南美洲温带森林的主要树种是南山毛榉和南洋杉，而澳大利亚的主要树种是巨型桉树，北美洲的主要树种是红杉，亚洲的主要树种则是木兰和罗汉松。

植被种类

温带森林的分布地域很广阔，根据与两极或热带地区的邻近程度，大致可以分为寒温带森林和暖温带森林。

寒温带森林地区的位置比较靠近两极（或亚寒带针叶林），气候较为寒冷，雨水较多，主要的植被类型为阔叶落叶乔木。这里的四季分明，随着季节的更替，植被的颜色会发生很大变化。

暖温带森林地区的位置则比较靠近赤道地区（或沙漠）。深绿色是暖温带森林的主要颜色。在这里生长的树木叶子小而硬，四季常青，冬天不会落叶。暖温带森林的气候与地中海式气候比较相似，冬季温暖，夏季干燥。

动物种类

在温带森林中生活的大型哺乳动物主要有棕熊、黇（tiān）鹿、梅花鹿、西方狍、野猪、猞猁、狼和狐狸等；鸟类主要有雕、猫头鹰、胡兀鹫、啄木鸟和雉鸡等。

温带森林的分布

伊比利亚猞猁是世界濒危物种之一

落叶林地区的秋景

山毛榉林与冷杉林

山毛榉和冷杉主要分布在温带森林中气温最低、降雨最多的区域。虽然在有些地区，这两种树有着各自不同、很明显的生长带，但在大多数情况下，它们会在同一区域中生长，并形成一片一片的混交林。

山毛榉林在一年四季中的色彩变化

从近处看到的槲寄生

在冷杉的树枝上，通常还会生长一种名为“槲（hú）寄生”的寄生植物。槲寄生的种子带有黏性，鸟类可以非常容易地把它们“带”到其他树木上生根发芽。

色彩缤纷的山毛榉林

山毛榉林在一年四季中会呈现出不一样的色彩：在春天，是一片浅绿色，到了夏天，绿色就会进一步加深，在秋天，颜色会变得丰富起来，从黄色、红色过渡到褐色，而到了冬天，浅灰色就成了主色调。

不同品种的山毛榉

在欧洲、北美、南美和亚洲地区，生长着不同品种的山毛榉，不过，它们看上去都非常相似。山毛榉可以长到30多米高，树干分枝，树皮光滑，呈灰色。在山毛榉生长的区域，一般还生长有一些灌木、草本植物以及桦树、枫树、榆树、椴（duàn）树等落叶树。

冷杉林

跟山毛榉林不同，冷杉林一般呈暗绿色，而且到了冬天不会落叶。从外观来看，冷杉的树形呈圆锥形，树干高大而挺拔，高度可达到50米。

防止水分冻结的“策略”

冷杉的树脂可以防止树中的水分冻结，因此，到了冬天冷杉的树叶不会掉落。与冷杉一起生长的还有越橘、杜鹃花等灌木。在南美洲，有一种跟冷杉外形相似的树，被称作南洋杉。

其他动物

除了已提到的一些大型哺乳动物和鸟类之外，鼹鼠、鼩鼱（qújīng）、松鼠、水貂、狗獾、浣熊、蝾螈也是在温带森林里经常看到的动物。此外，还有各种各样的昆虫，其中蛀木虫类尤为多见。

鼹鼠洞的局部剖面

四季常青的冷杉林

英国德文郡的栎树林，树上长满了苔藓和地衣。

栎树林与欧洲赤松林

与山毛榉林的生长环境相比，栎树林和欧洲赤松林主要分布在气候比较温和的温带森林地区。其中，在雨水比较充沛的区域，以栎树较为多见，欧洲赤松则主要生长在气候相对干燥的区域。

世界上最著名的栎树林可能就是位于英国的雪伍德森林了，因为那里曾是英国民间传说中英雄罗宾汉的住地。

栎树林

栎树的种类很多，但都长着宽宽的、边缘呈锯齿状的叶子。跟山毛榉一样，栎树也属于落叶乔木，在秋天会呈现出一片明亮而温馨的色彩，到了冬天，树叶就开始凋零。栎树的果实是许多动物的食物来源。栎树的木材品质优良。在北美洲、欧洲和亚洲地区，都分布有许多不同种类的栎树。

栎树的"伙伴"

栎树一般生长在平坦而肥沃的土地上。与栎树生长在一起的其他树种有红豆杉、冬青、鹅耳枥、黑杨、赤杨、榛树和栗树等。跟山毛榉林相比，栎树林没有那么茂密，更多的阳光从树的枝叶间透过，因此，在栎树林中生长的灌木和草本植物也更为繁茂。

野猪

欧洲赤松林

欧洲赤松林生长在气候相对干燥的地区，四季常青。通常和栎树林一起生长形成混交林。欧洲赤松是中欧地区种植面积最大的树木，高度可以长到40米。欧洲赤松最大特点是树皮微微发红，非常漂亮。同欧洲赤松生长在一起的其他植物有帚石楠、熊果、刺柏和卵圆叶唐棣（dì）等。

美国加利福尼亚州的巨型红杉

在北美洲气候温和、相对干燥的温带森林地区，我们可以看到雄伟的红杉林。世界上最大的一棵红杉生长在美国的加利福尼亚州，这棵巨型红杉高达84米，树龄有2 200年，人们以"谢尔曼将军"为它命名。

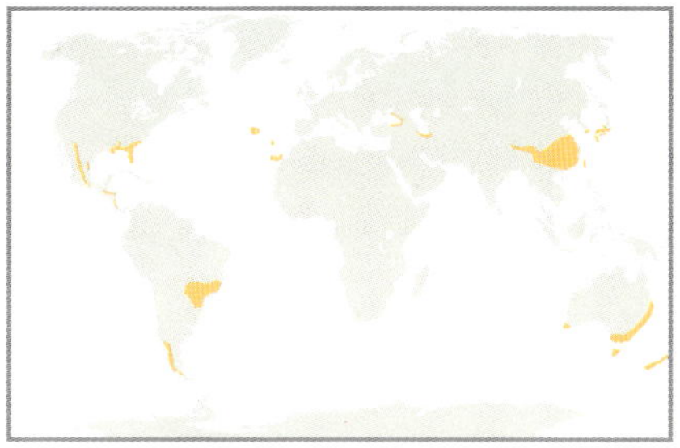

温带雨林的分布情况

温带雨林

在一些气候相对温暖、潮湿的温带地区，生长着一些茂密的森林，它们看上去会让人联想到热带雨林，这类森林被称作温带雨林，有时又被称作照叶林。

刺有文身的毛利战士

正在采摘茶叶的斯里兰卡妇女

加那利群岛的温带雨林，生长着加那利月桂、维奥杨梅、加那利冬青、加那利樟树、印度鳄梨等具有代表性的植物，此外还有各种各样的蓝蓟属植物。

其他具有代表性的温带雨林植物还包括：木兰，多见于北美洲和亚洲；香樟树、茶树和山茶，多见于亚洲；在南美洲，生长着部分种类的南洋杉；在澳大利亚，则可以找到部分种类的桉树。

照叶林

照叶林同样也是由类似于山毛榉和栎树的阔叶树构成的，不过，由于这里的气候更为温暖，因此，这些树木在冬天不会落叶。照叶林树木的叶子又大又硬，呈暗绿色，月桂树是最典型的照叶林树种。

生活在温带雨林的居民

在温带雨林地区的原住民中，最具代表性的民族是古代生活在西班牙加那利群岛上的关契斯人，但现在他们已经消失了。如今，最具代表性的是生活在新西兰的毛利人和生活在智利的马普切人。

温带雨林的分布情况

温带雨林在世界上的分布范围非常有限，欧洲很少。相比之下，在亚洲（中国和日本）、北美洲、南美洲、大洋洲（澳大利亚和新西兰），温带雨林更为多见。位于非洲西北海岸之外的加那利群岛上也有温带雨林分布，而在非洲大陆则不存在温带雨林。

动物种类

在加那利群岛的温带雨林，桂冠鸽和波氏鸽较为常见；在南美洲的温带雨林，主要有虎猫、南美浣熊、小食蚁兽、犰狳（qiú yú）、美洲野猪和貘（mò）；而在澳大利亚的温带雨林，则生活着袋獾、树袋熊、鸭嘴兽、琴鸟等。

虎猫是食肉动物，身长可以达到1.5米。

地中海硬叶林

在温暖、少雨的亚热带地区，生长着主要由冬青栎林与栓皮栎林所构成的森林，我们称之为“地中海硬叶林”。另外，在美国的加利福尼亚州、智利、南非和澳大利亚等国家和地区也能找到这类生物群系。所有的地中海硬叶林地区的气候类型都属地中海式气候。

生活在地中海式气候条件下的植物可以很好地适应那里的干燥环境。这些植物的叶子又小又硬，表面长有蜡质或茸毛，以减少植物水分的蒸发。

生长在地中海地区的兰花

地中海式气候

地中海式气候是处于温带湿润气候和热带干旱气候之间的过渡性气候。地中海式气候的特点是夏季炎热干燥，冬季温和潮湿。秋天是这里雨水集中的季节，经常会暴雨成灾。地中海式气候最主要的特点，也是影响植被类型最主要的因素，就是旱季与高温同时到来，其他气候类型都不具备这一气候条件。

地中海硬叶林的分布

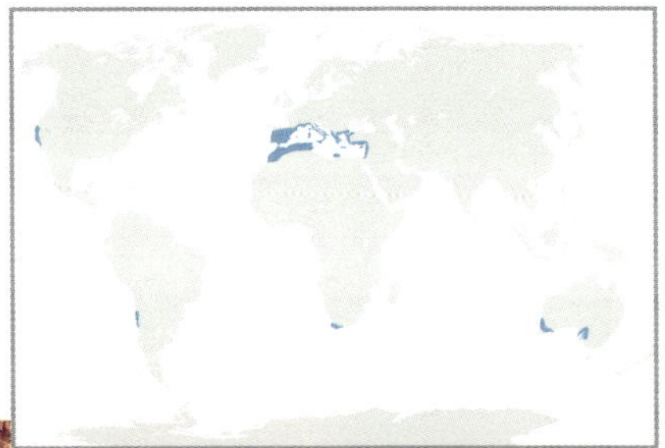

葡萄树、橄榄树和小麦都是地中海地区的优质农作物。

冬青栎林与栓皮栎林

在地中海地区最湿润的地方，生长着大片的冬青栎林与栓皮栎林。然而，在大多数情况下，它们却被人为地砍伐，改种了其他种类的树木。

冬青栎的树冠宽大，木质坚硬，可以用来生产优质的木炭。此外，冬青栎的果实是许多动物的食物来源。

栓皮栎的外形跟冬青栎相似，所不同的是，栓皮栎的树皮厚而轻，我们称之为“软木”，是制造葡萄酒瓶塞的优质材料。

“地中海”一词在拉丁语中的意思就是“在陆地的中间”，即四周由陆地包围着的海域。

鹧鸪主要以种子、果实、昆虫和其他小型动物为食。

动物种类

在地中海硬叶林地区，最具代表性的动物有：西班牙猞猁——是世界上数量最少，濒临灭绝的猫科动物之一以及小斑獛（pú），野猪，赫曼陆龟，西班牙帝雕和鹧鸪（zhègū）等。

生长在“旱地”上的森林

在地中海硬叶林地区，即使在气候最干燥，或土壤最贫瘠的地区，也会有一些树种茁壮地成长。在欧洲，有阿勒颇松和意大利五针松；在澳大利亚，则有金合欢树和桉树。

西班牙梅诺卡岛的“T”字形巨石遗迹和巨石碑

地中海地区的居民

由于地中海地区气候舒适宜人，所以自古以来就一直有人类居住在这里，许多旧石器时代的洞穴壁画都能证明这一点。在地中海周围的土地上，孕育了古希腊和古罗马这两大重要的文明。

地中海灌木林

在地中海硬叶林地区雨水较少、土壤贫瘠的地方，往往很难看到高大的树木，而只能看到一些灌木和草本植物，我们也称这样的区域为“地中海灌木林”。

从不同区域植物的种类和地理分布情况看，世界上存在着多种类型的地中海灌木林。在欧洲，具有代表性的地中海灌木林是常绿硬叶灌木林和常绿矮灌丛。地中海常绿硬叶灌木林由较为高大的灌木组成，灌木高度大致与人的身高齐平，而且生长得非常茂密。在这些灌木中，最常见的有乳香黄连木、桃金娘、野橄榄、野茉莉等。而地中海常绿矮灌丛高度则一般不超过一米，以胭脂虫栎、迷迭香、蔷薇、帚石楠最为多见。地中海灌木林在智利和美国加利福尼亚州等地区都有分布。

意大利五针松的高度可以达到30米，树冠呈阳伞状，种子就是我们平时吃的松子仁。

在地中海森林地区，经常会发生火灾。

阿勒颇松林与意大利五针松林

阿勒颇松和意大利五针松是地中海硬叶林区气候干燥地带中种植最为广泛的树种，这是人们有意做的，用以取代生长速度较为缓慢的冬青栎。

地中海沿岸的一棵阿勒颇松

地中海植物与森林火灾

在地中海旱地森林地区，由于夏季高温干旱，经常会发生森林火灾。许多地中海植物已经适应了这种自然环境，有些种类的植物甚至必须等到它们的果实接受过一场森林火灾的“洗礼”后才会开始发芽生长。

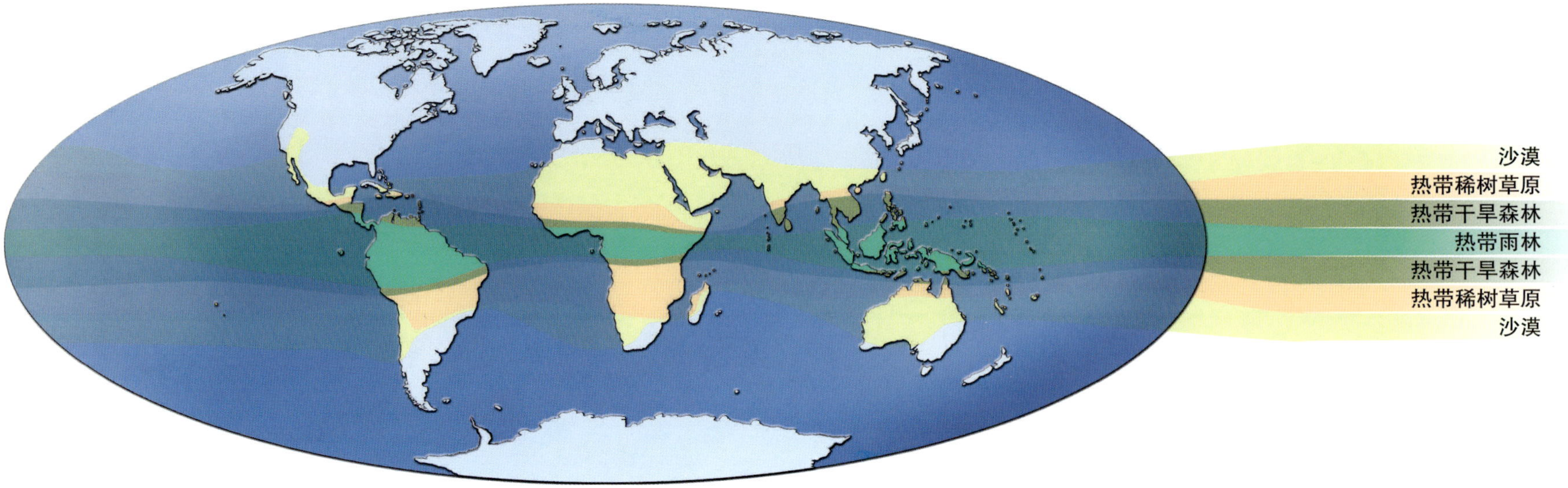
沙漠
热带稀树草原
热带干旱森林
热带雨林
热带干旱森林
热带稀树草原
沙漠

沙漠
热带稀树草原　草本植物

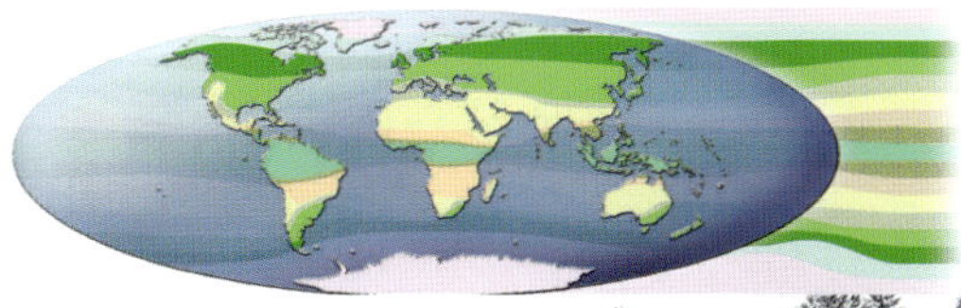

陆地生物群系

热带稀树草原　灌木

热带稀树草原　乔木

热带稀树草原

热带干旱森林

热带雨林
热带干旱森林

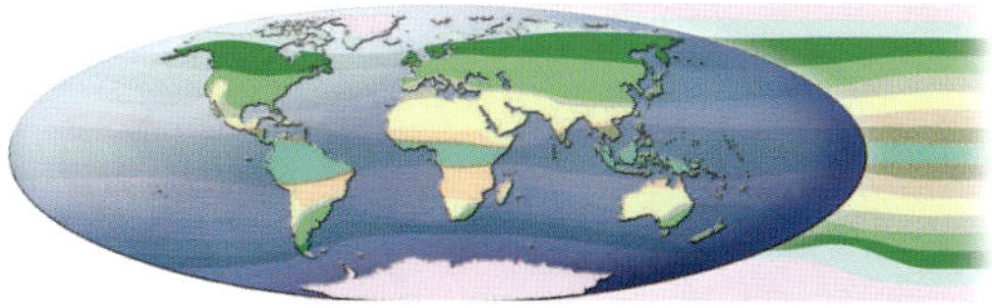

陆地生物群系

沙漠

从狭义上说，沙漠是沙质荒漠的简称。但广义上，我们习惯将那些雨水稀少，空气干燥，地表荒芜的各种荒漠地区统称作沙漠。世界上所有的沙漠地区都有一个共同的特点——水资源短缺，沙漠地区的年降雨量一般在0毫米～300毫米。

沙漠的类型

沙漠可以根据降雨量、气温和地质三个方面来进行分类。

根据地质条件，我们可以将沙漠分为石质荒漠和沙质荒漠。在人们的印象中，最典型的沙漠形象是一座座连绵起伏的沙丘，但实际上许多沙漠都是由岩石构成的。

根据气温的高低，我们可以将沙漠分为热荒漠和冷荒漠。撒哈拉沙漠、阿拉伯沙漠等热荒漠，白天气温非常高，甚至可以超过50℃，而夜晚气温却非常低；戈壁沙漠、卡拉库姆沙漠等冷荒漠，夜晚气温可以低至－40℃。冷荒漠一般都处在海拔较高、距离海岸较远的地区。

人类的活动导致了沙漠的不断扩大。据估计，目前，世界上30%的陆地属于沙漠或干旱地区。

沙漠的分布

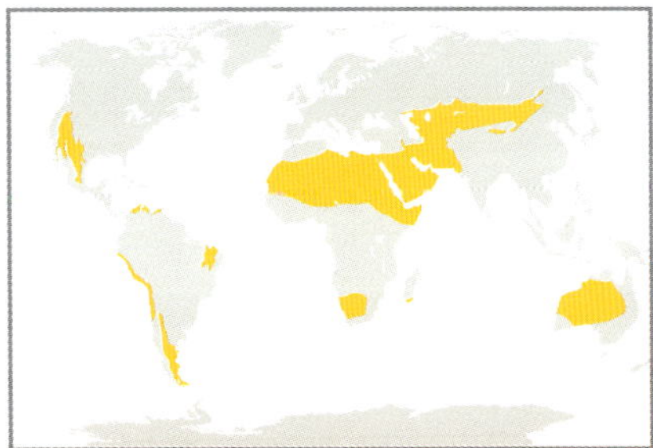

纳米比沙漠上的一个巨大的沙丘

荒漠与半荒漠

根据降雨量的多少，我们可以将沙漠分为极度干旱型荒漠和半干旱型荒漠。撒哈拉沙漠、纳米比沙漠、阿塔卡马沙漠等沙漠，年降雨量不到100毫米。在这种气候条件下，植物只有在偶尔的降水之后才会出现，而且必须在3个星期之内完成从发芽、开花到结果的整个周期。而对于年降雨量在100毫米～300（或400）毫米的沙漠，我们称之为半干旱型荒漠或半荒漠，卡拉哈里沙漠、索诺拉沙漠以及澳大利亚的沙漠群就属于半荒漠。

亚利桑那沙漠上的巨人柱仙人掌

植被种类

能够适应沙漠环境的植物都具有保留和储存水分的强大能力。仙人掌等许多沙漠植物能将水分储存在它们的茎部，而它们的叶子则呈棘刺状，这样可以减少水分的蒸发。

美国纪念碑山谷的干旱景观

动物种类

地球上的动物总是能克服重重困难，将它们的栖息地和活动范围扩张到世界各地，其中包括一些最不宜生存的地区，如冰原地区和沙漠地区。人们说到沙漠动物，首先想到的无疑就是骆驼了。骆驼有两个品种，一种是亚洲沙漠地区特有的双峰骆驼，一种是单峰骆驼。除了骆驼外，生活在沙漠地区的其他哺乳动物还有多加羚羊、蛮羊、耳廓狐和沙鼠等。在沙漠中生活的爬行动物种类则更为丰富，其中最具代表性的包括许多种类的蛇和蜥蜴。此外，蝎子、蚂蚁、甲虫等节肢动物在沙漠地区也非常多见。

澳大利亚沙漠上的原住民

响尾蛇的长度可以达到1.8米，它的毒性极强。

沙漠地区的居民

在沙漠中，人类尽管面对着重重困难，但总有办法去适应恶劣的环境。在美洲的沙漠地区，最具代表性的是那些印第安部落，印第安人将村落建立在悬崖脚下；澳大利亚沙漠中的原住民会使用一种非常原始的投掷武器“回力镖”来狩猎；而在卡拉哈里沙漠中生活的布须曼人则非常善于狩猎和采集野果。最适应沙漠生活的，是被称作“蓝色人”的图阿雷格人。图阿雷格人一般从事贸易活动，通常赶着长长的骆驼商队穿过撒哈拉沙漠中的一座座沙丘。

沙漠绿洲

在沙漠中，也会有地下水从地面涌出，汇成一条小溪或一处小水洼，使周围的土壤得以滋养，形成沙漠绿洲。在沙漠绿洲中，生长着棕榈科和柽（chēng）柳科植物，并会出现人类居住的村庄，人们可以种植蔬菜和果树。

摩洛哥的济兹山谷

热带稀树草原

在热带稀树草原生物群系中，禾本科草本植物占据着植被类型的绝对优势。因此，热带稀树草原与温带草原非常相似，只是前者的气候比较炎热。

热带稀树草原的气候条件

由于热带稀树草原位于热带地区，因此气候比较炎热。它的最主要的特点就是一年中旱季、雨季分明。因为有明显的旱季，所以，在热带稀树草原地区很少长有乔木，而且，这里的食草动物会定期迁徙。

世界上的热带稀树草原地区

世界上最典型、最辽阔、动物种类最多的热带稀树草原分布在非洲。南美洲也拥有广阔的热带稀树草原，巴西、哥伦比亚、委内瑞拉、阿根廷等国家对这类生物群系有各自不同的称呼。此外，在澳大利亚和印度也能找到热带稀树草原。

不同的热带稀树草原，年降雨量差别很大。其中，干旱地区的年降雨量约为500毫米，而潮湿地区则约为2 000毫米。在赤道以北热带稀树草原的雨季是从5月到9月，而此时，南半球的热带稀树草原正是旱季。

热带稀树草原的分布

非洲热带稀树草原特有的两种乔木：猴面包树（左中图）和伞状金合欢（右上图）。

在非洲的热带稀树草原，大型哺乳动物的种类非常多。

植被种类

在热带稀树草原的植被中，禾本科草本植物占据着绝对优势。禾本科植物的特点是茎部很细，叶子狭长，开花较小且不明显。虽然是草本植物，但有些种类也可以长到3米多高，如澳大利亚的袋鼠草。另外，在有些热带稀树草原，还能看到一些独立生长、不成林的灌木和乔木，其中，金合欢树在非洲、印度和澳大利亚都可以看到，而猴面包树只生长在非洲，桉树只生长在澳大利亚，一些棕榈科植物在非洲和美洲则最为常见。

动物种类

虽然热带稀树草原的植被看上去不太茂密，但却是栖息动物种类非常多的生物群系，如，非洲热带稀树草原。现在，只有在非洲的热带稀树草原才能看到大群的野生食草动物。

无脊椎动物

在所有热带稀树草原，栖息的无脊椎动物的种类和数量都非常多，其中以蝴蝶、甲虫、蚂蚁、白蚁等昆虫最为常见。而在这些昆虫中又以白蚁最有特色，在热带稀树草原上经常可以看到一些“大土堆”，这就是白蚁巢。一个蚁巢里通常有数百万只白蚁，它们的行为有明确的分工。

一只张开扇形翅膀的孔雀

鸟类

热带稀树草原中的鸟类，最有名的是栖息在非洲的非洲鸵鸟、南美洲的美洲鸵鸟和澳大利亚的鸸鹋（ér miáo）。此外印度的孔雀、澳大利亚的虎皮鹦鹉也比较典型。

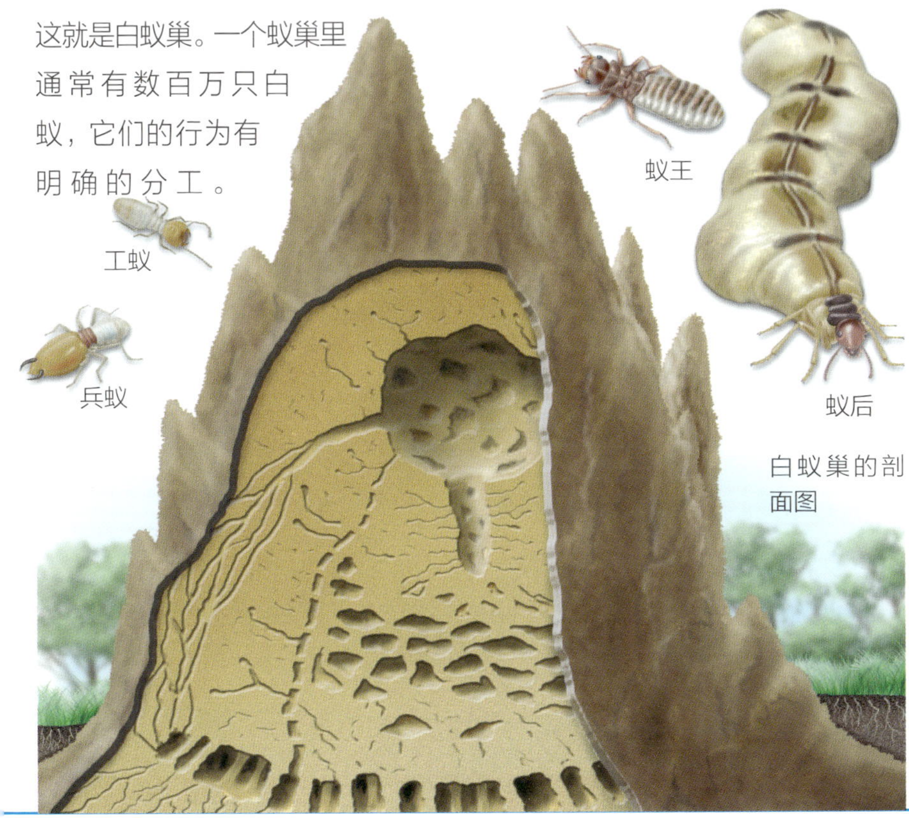

白蚁巢的剖面图

哺乳动物

栖息在热带稀树草原地区的哺乳动物的种类非常多。在非洲热带稀树草原最为常见的食草动物有大象、犀牛、河马、水牛、长颈鹿、斑马、角马、瞪羚以及各种灵长目动物。

在非洲热带稀树草原地区最为常见的食肉动物有狮子、猎豹、豹、鬣（liè）狗、豺和猫鼬等。

栖息在热带稀树草原上其他的哺乳动物有南美洲的犰狳、食蚁兽、负鼠和美洲狮等；澳大利亚的袋鼠和澳洲野狗等；印度的鹿、羚羊、老虎等。

人类的发源地

非洲热带稀树草原地区被认为是全人类的发源地。在这里，人类开始直立行走，并且开始远途迁徙，直到遍布整个大陆。

一名马赛战士

热带稀树草原地区的居民

在热带稀树草原地区居住的部落中，最著名的是马赛人。马赛人擅长畜牧，主要以牲畜的奶为食。

热带雨林

热带雨林位于赤道南北的中心区域，因此也被称作“赤道雨林”。热带雨林是地球上物种最多样化的一类生物群系。目前，栖息在热带雨林中的物种，无论是种类还是数量都很多。

热带雨林被称作“地球之肺”，之所以这样说，是因为热带雨林植物释放出的氧气要多于其他任何生物群系。因此，人类对热带雨林的破坏，将会对全球气候造成非常不利的影响，并且导致许多物种逐渐消失。

亚马孙热带雨林

亚马孙热带雨林是世界上最大的热带雨林，占据着整个亚马孙河流域，并跨越多个国家，其中包括巴西、委内瑞拉、哥伦比亚、圭亚那、玻利维亚、秘鲁和厄瓜多尔。

秘鲁乌卡亚利河的河流弯道，其周围被热带雨林环绕着。

为什么会有热带雨林？

形成热带雨林的最主要的原因，是赤道地区的常年高温和充足的雨水。热带雨林地区的年平均气温在24℃～28℃，年降雨量一般在2 000毫米～3 000毫米，但有些地区的年降雨量会超过8 000毫米。

多层次的雨林

热带雨林地区的气候条件非常有利于植物生长，因此，为了赢得更大的生存空间、获得更多的阳光，植物与植物之间就会展开竞争。

在热带雨林中有三个植被层，不同种类的植物生长在这三个植被层上。由于照射到地面的阳光非常有限，许多草本植物和灌木因此改变了自己的生长方式，有些植根在其他树木的树枝或树干上，成为附生植物，有些则成为攀缘植物。

热带雨林的分布

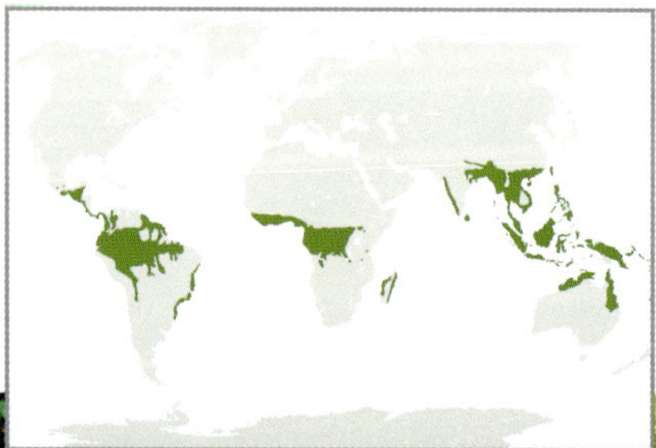

热带季雨林

亚洲的热带雨林被称作热带季雨林。同世界上其他地区的热带雨林不一样，热带季雨林的雨水并非常年不断，而是具有季节性，雨季的到来随着季风的方向而定。一般而言，夏天雨水充足，冬天则较为干旱。

哥斯达黎加的蒙特维多云雾森林

绿鬣蜥

热带雨林地区的居民

在美洲、非洲和澳大利亚的热带雨林地区，人口非常稀少，而在亚洲，特别是印度次大陆上的热带季雨林地区却是地球上人口最为稠密的地区。在热带雨林地区曾经存在的古代文明中，最具代表性的是玛雅文明。玛雅文明为人类留下了许多金字塔，至今人们仍能在墨西哥和危地马拉看到它们。一些生活在热带雨林地区的原住民至今仍保留着自己的生活习俗，比如南美洲的雅诺马马人和开耶普人、非洲的俾（bǐ）格米人、东南亚婆罗洲岛上的达雅人，以及巴布亚新几内亚的丹尼人等。

动物种类

在热带雨林中，植物生长非常茂盛，相比之下，动物的种类和数量虽然非常多，但大多数都很难一眼看到。目前，所有的热带雨林地区都拥有大量种类多样的无脊椎动物，其中，又以昆虫最丰富。

从蛙到极乐鸟

在热带雨林地区栖息的低等脊椎动物中有各种蛙和蛇，蜥蜴和鳄的种类也很多，但鸟类仍是热带雨林中数量最多的脊椎动物，其中，最具代表性的有金刚鹦鹉、蜂鸟、巨嘴鸟和极乐鸟等。

有趣的相遇！

灵长目动物

灵长目动物是热带雨林中最常见的哺乳动物。在马达加斯加的热带雨林地区，栖息着一些最原始的灵长目动物——狐猴和指猴。在中、南美洲则栖息着被称作“南美猴”或“新世界猴”的狨猴、蜘蛛猴、吼猴和卷尾猴等。在灵长目动物中进化程度比较高的物种要数生活在苏门答腊岛和婆罗洲岛上的猩猩了，而生活在非洲的倭（wō）黑猩猩和黑猩猩则是同人类最为接近的动物。

印度尼西亚西巴布亚的一名原住民正在聚精会神地打猎。

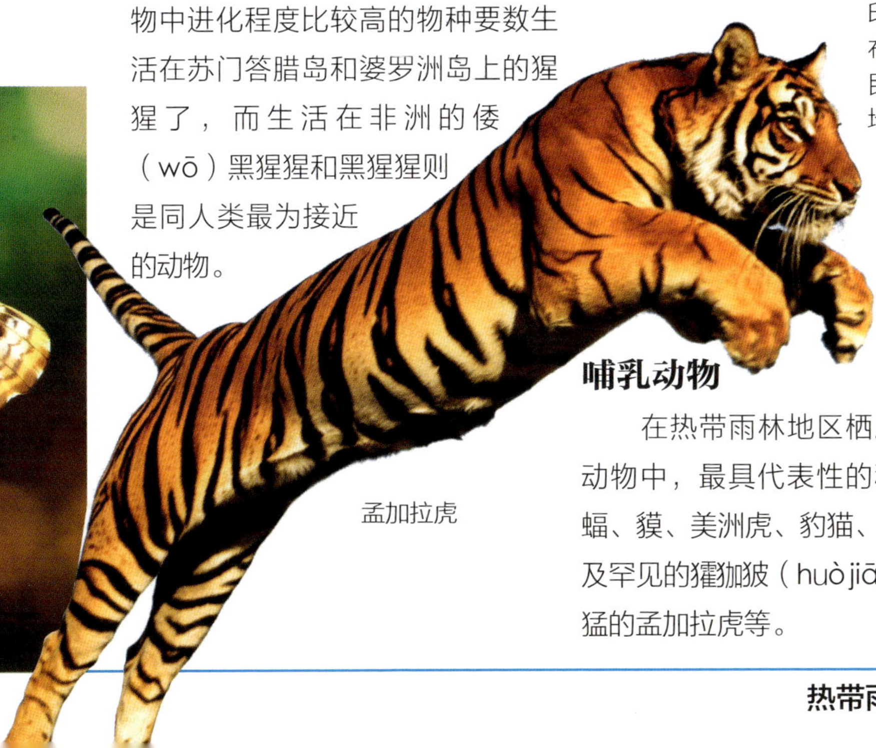

孟加拉虎

哺乳动物

在热带雨林地区栖息的哺乳动物中，最具代表性的种类有蝙蝠、貘、美洲虎、豹猫、树懒，以及罕见的㺢㹢狓（huòjiāpí）和凶猛的孟加拉虎等。

内容索引

探索生物圈需要的工具

虽说生物圈包括了我们身边周围的一切，我们也是其中的一部分，但如果借助某些工具，我们就能捕捉到更多的细节和精彩的瞬间，以供日后进一步探讨与研究。

望远镜是在自然界探索时不可或缺的工具，有了它，我们就可以从远处观察动物的生活习性，而又不会打扰到它们。

录音笔可以记录下每种生物群落中各种动物的声音。